Marginales

Nuevos textos sagrados

Colección dirigida por
Antoni Marí

José Emilio Pacheco

NO ME PREGUNTES CÓMO PASA EL TIEMPO

[POEMAS 1964-1968]

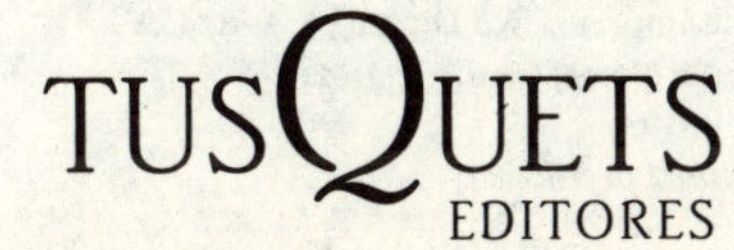

Diseño de la colección: Guillemont-Navares
Ilustración de portada: © Alicia Sandoval
Fotografía del autor: © Rogelio Cuéllar Ramírez
Colección: Marginales
Serie: Nuevos textos sagrados

Bajo el sello editorial TUSQUETS M.R.
Avenida Presidente Masarik núm. 111,
Piso 2, Polanco V Sección, Miguel Hidalgo
C.P. 11560, Ciudad de México
www.planetadelibros.com.mx

Primera edición en formato epub: agosto de 2024
ISBN: 978-607-39-1529-8

Primera edición impresa en México: agosto de 2024
ISBN: 978-607-39-1525-0

Impreso en los talleres de Impregráfica Digital , S.A. de C.V.
Av. Coyoacán 100-D, Valle Norte, Benito Juárez
Ciudad de México, C.P. 03103
Impreso en México - *Printed in Mexico*

A Cristina

Como figuras que pasan por una pantalla de televisión
y desaparecen, así ha pasado mi vida.
Como los automóviles que pasaban rápidos por las carreteras
con risas de muchachas y música de radios…
Y la belleza pasó rápida como el modelo de los autos
y las canciones de los radios que pasaron de moda.

Ernesto Cardenal

I

EN ESTAS CIRCUNSTANCIAS

…cuando la sombra el mundo va cubriendo
o la luz se avecina…

Garcilaso de la Vega

DESCRIPCIÓN DE UN NAUFRAGIO EN ULTRAMAR
(Agosto, 1966)

Pertenezco a una era fugitiva, mundo que se deshace ante mis ojos.

Piso una tierra firme que vientos y mareas erosionaron antes de que pudiera levantar su inventario.

Atrás quedan las ruinas cuyo esplendor mis ojos nunca vieron. Ciudades comidas por la selva, piedras mohosas en las que no me reconozco.

Y enfrente la mutación del mar y tampoco en las nuevas islas del océano hay un sitio en que pueda reclinar la cabeza.

Sus habitantes miraron extrañados al náufrago que preguntaba por los muertos. Creí reconocer en las muchachas caras que ya no existen, amores encendidos para ahuyentar la frialdad de la vejez, la cercanía del sepulcro.

La tribu rio de mi habla ornamentada, mi trato ceremonioso, la gesticulación que ya no entienden. Y no pude sentarme entre el Consejo porque aún no tenía el cabello blanco ni el tatuaje con que el tiempo celebra nuestro deterioro incesante.

El gran sacerdote resolvió que me hiciera de nuevo a la mar en una balsa, con frutos desecados al sol y una olla de agua por todo alimento. Al despedirme pronunció estas palabras:

«Naciste en tiempos de penuria, condenado a probar el naufragio de la vejez sin haber conocido la áspera juventud. Vuelve a los centros ceremoniales en donde un hervidero de lagartos cuida la máscara del rey que nada pudo contra la insaciedad de los gusanos.

»Antes de tiempo abandonaste a la caravana sin vislumbrar la tierra prometida. Sólo te acompañó tu semejante, el desierto. Los nómadas recelaron de ti. Desconfiaste de los señores de la guerra que imponen la degradación en sus dominios para mantener el esplendor de las metrópolis.

»Cruzaste el Mar de las Tinieblas en tu busca del Nuevo Mundo. No quisiste participar en la batalla ni vivir de la tortura y el despojo de tus semejantes. Escapaste del incendio de las ciudades, el saqueo y la entrada a degüello.

»En cambio amaste a las mujeres que nadie destinó para ti: cuerpos errantes desvanecidos en la noche sin término. Gastaste la noche en explorar los viejos manuscritos. Quisiste hallar el rumor transitivo de las generaciones, el espejo sin nadie, la pesadumbre de la historia —vanos ardides para ocultar la cobardía.

»Si las fauces del mar no te devoran, sólo te quedará escoger entre la cámara de gas o el campo de trabajo en que pastan y rumian los enemigos de tu pueblo.»

TRANSPARENCIA DE LOS ENIGMAS
(Octubre, 1966)

Pensemos en serio en todas las cosas que se avecinan. El mundo ya está harto de profetas; el óxido se adueña de sus visiones. La historia tiene el deber de trastornar las profecías.

Alabemos a Patmos y a la montaña de las Lamentaciones. Pero aquí no se trata de videncia ni de relatos sugeridos por la baraja ni de sombras que se insinúan en esferas.

Basta mirar lo que sucede. Todo fermenta en derredor de nuestra tibia ansiedad y nuestra cólera apacible. No hay filtros ni exorcismos contra lo que se gesta y se levanta.

Más tarde podríamos lamentar un perentorio olvido de las buenas maneras o una exigencia desmedida por parte de los nuevos poderes. Nos pesará no haber juzgado a tiempo que el freno de nuestras iniquidades

podría mitigar la edad de fuego que ya se gesta sobre nuestras ciudades. Por obra de su codicia permitieron que la miseria fermentara en sus alrededores.

Hoy son airados parajes dispuestos a obedecer la chispa que encienda el pasto seco y comunique el fuego al bosque y a los sembradíos que arruinó la ebriedad de creernos, por mandato de Dios, amos eternos, capaces de sujetar al mundo y ejercer saqueo impune y derechos feudales contra la muchedumbre inexpugnable que se niega a seguir royendo para siempre nuestras migajas,

en virtud de palabras electrónicamente amplificadas e imágenes que inundan los recintos de la miseria con todas las tentaciones de la abundancia.

Seres entre dos aguas, marginales de ayer y de mañana, nos hundiremos con la causa perdida o pagaremos con fuego el precio de la tibieza.

La realidad destruye la ficción nuevamente. Y todo lo que he dicho será empleado en mi contra.

Será mejor entonces que detengamos el festín, amigos míos; echemos a la basura los simulacros de catástrofe, nos despidamos con el radiante estruendo de la música,

y pensemos en todas las cosas que ya se avecinan.

UN MARINE

Quiso apagar incendios con el fuego.
Murió en la selva de Vietnam
y en vano.

CHE

Ellos
al darle muerte
le otorgaron
la vida perdurable.

ÚLTIMA FASE

Ningún imperio puede
durar mil años.

AGOSTO, 1968

¿Habrá un día en que acabe para siempre
la abyecta procesión del matadero?

1968

Página blanca al fin:
todo es posible.

MANUSCRITO DE TLATELOLCO
(2 de octubre de 1968)

1. *Lectura de los «Cantares mexicanos»**

Cuando todos se hallaban reunidos
los hombres en armas de guerra cerraron
las entradas, salidas y pasos.
Se alzaron los gritos.
Fue escuchado el estruendo de muerte.
Manchó el aire el olor de la sangre.

La vergüenza y el miedo cubrieron todo.
Nuestra suerte fue amarga y lamentable.
Se ensañó con nosotros la desgracia.

Golpeamos los muros de adobe.
Es toda nuestra herencia una red de agujeros.

---

* Con los textos traducidos del náhuatl por Ángel María Garibay y Miguel León-Portilla en *Visión de los vencidos* (1959).

2. *Las voces de Tlatelolco**
(2 de octubre de 1978: diez años después)

Eran las seis y diez. Un helicóptero
sobrevoló la plaza.
Sentí miedo.

Cuatro bengalas verdes.

Los soldados
cerraron las salidas.

Vestidos de civil, los integrantes
del Batallón Olimpia
—mano cubierta por un guante blanco—
iniciaron el fuego.

En todas direcciones
se abrió fuego a mansalva.

Desde las azoteas
dispararon los hombres de guante blanco.
Disparó también el helicóptero.

Se veían las rayas grises.

---

* Con los textos reunidos por Elena Poniatowska en *La noche de Tlatelolco* (1971).

Como pinzas
se desplegaron los soldados.
Se inició el pánico.

La multitud corrió hacia las salidas
y encontró bayonetas.
En realidad no había salidas:
la plaza entera se volvió una trampa.

—Aquí, aquí Batallón Olimpia.
Aquí, aquí Batallón Olimpia.

Las descargas se hicieron aun más intensas.
Sesenta y dos minutos duró el fuego.

—¿Quién, quién ordenó todo esto?

Los tanques arrojaron sus proyectiles.
Comenzó a arder el edificio Chihuahua.

Los cristales volaron hechos añicos.
De las ruinas saltaban piedras.

Los gritos, los aullidos, las plegarias
bajo el continuo estruendo de las armas.

Con los dedos pegados a los gatillos
le disparan a todo lo que se mueva.
Y muchas balas dan en el blanco.

—Quédate quieto, quédate quieto:
si nos movemos nos disparan.

—¿Por qué no me contestas?
¿Estás muerto?

—Voy a morir, voy a morir.
Me duele.
Me está saliendo mucha sangre.
Aquél también se está desangrando.

—¿Quién, quién ordenó todo esto?

—Aquí, aquí Batallón Olimpia.

—Hay muchos muertos.
Hay muchos muertos.

—Asesinos, cobardes, asesinos.

—Son cuerpos, señor, son cuerpos.

Los iban amontonando bajo la lluvia.
Los muertos bocarriba junto a la iglesia.
Les dispararon por la espalda.

Las mujeres cosidas por las balas,
niños con la cabeza destrozada,
transeúntes acribillados.

Muchachas y muchachos por todas partes.
Los zapatos llenos de sangre.
Los zapatos sin nadie llenos de sangre.
Y todo Tlatelolco respira sangre.

—Vi en la pared la sangre.

—Aquí, aquí Batallón Olimpia.

—¿Quién, quién ordenó todo esto?

—Nuestros hijos están arriba.
Nuestros hijos, queremos verlos.

—Hemos visto cómo asesinan.
Miren la sangre.
Vean nuestra sangre.

En la escalera del edificio Chihuahua
sollozaban dos niños
junto al cadáver de su madre.

—Un daño irreparable e incalculable.

Una mancha de sangre en la pared,
una mancha de sangre escurría sangre.

Lejos de Tlatelolco todo era
de una tranquilidad horrible, insultante.

—¿Qué va a pasar ahora,
qué va a pasar?

II

MIRA CÓMO SON LAS COSAS

Youth has an end: the end is here. It will never be. You know that well. What then? Write it, damn you, write it! What else are you good for?

James Joyce, *Giacomo Joyce*

HOMENAJE A LA CURSILERÍA

> Amiga que te vas:
> quizá no te vea más.
> Ramón López Velarde

Dóciles formas de entretenerte, olvido:
recoger piedrecillas de un río sagrado
y guardar las violetas en los libros
para que amarilleen ilegibles.

Besarla muchas veces y en secreto
en el último día,
antes de la terrible separación;
a la orilla
del adiós tan romántico
y sabiendo
(aunque nadie se atreva a confesarlo)
que nunca volverán las golondrinas.

ALTA TRAICIÓN

No amo mi patria.
Su fulgor abstracto
es inasible.
Pero (aunque suene mal)
daría la vida
por diez lugares suyos,
cierta gente,
puertos, bosques, desiertos, fortalezas,
una ciudad deshecha, gris, monstruosa,
varias figuras de su historia,
montañas
—y tres o cuatro ríos.

ACELERACIÓN DE LA HISTORIA

Escribo unas palabras
                        y al minuto
ya dicen otra cosa,
                        significan
una intención distinta,
se hacen dóciles
                        al Carbono catorce:
Criptogramas
                        de un pueblo remotísimo
que busca
                        la escritura en tinieblas.

YA TODOS SABEN PARA QUIÉN TRABAJAN

Traduzco un artículo de *Esquire*
sobre una hoja de la Kimberly-Clark Corp.,
en una antigua máquina Remington.
Lo que me paguen irá directamente a las arcas
de Gerber, Kellogg's, Procter and Gamble, Nabisco, Heinz,
General Foods, Colgate-Palmolive, Gillette
y California Packing Corporation.

MUNDO ESCONDIDO

Es el lugar de las computadoras
        y de las ciencias infalibles.
Ante mis ojos te evaporas
        —y creo en las cosas invisibles.

EL CENTENARIO DE RUBÉN DARÍO (1867-1916)

Sólo el árbol tocado por el rayo
guarda el poder del fuego en su madera.

ENVIDIOSOS

Levantas una piedra
y los encuentras:
ahítos de humedad,
pululando.

NUEVAMENTE DARÍO

Oscuridades del bajorrelieve,
figura maya,
y de repente,
como-una-flor-que-se-desmaya
(tropo *art nouveau* y adolescente)
el Cisne de ámbar y de nieve.

CRÍTICA DE LA POESÍA

He aquí la lluvia idéntica y su airada maleza.
La sal, el mar deshecho…
Se borra lo anterior, se escribe luego:
Este convexo mar, sus migratorias
y arraigadas costumbres,
ya sirvió alguna vez para hacer mil poemas.

(La perra infecta, la sarnosa poesía,
risible variedad de la neurosis,
precio que algunos pagan
por no saber vivir.
La dulce, eterna, luminosa poesía.)

Quizá no es tiempo ahora.
Nuestra época
nos dejó hablando solos.

ENVEJECER

Sobre tu rostro
crecerá otra cara
de cada surco en que la edad
madura
y luego se consume
y te enmascara
y hace que brote
tu caricatura.

CRÓNICA DE INDIAS

> ... porque como los hombres no
> somos todos muy buenos...
> BERNAL DÍAZ DEL CASTILLO

Después de mucho navegar
por el oscuro océano amenazante
encontramos
tierras bullentes en metales, ciudades
que la imaginación nunca ha descrito,
riquezas,
hombres sin arcabuces ni caballos.
Con objeto de propagar la fe
y arrancarlos de su inhumana vida salvaje,
arrasamos los templos, dimos muerte
a cuanto natural se nos opuso.
Para evitarles tentaciones
confiscamos su oro.
Para hacerlos humildes
los marcamos a fuego y aherrojamos.
Dios bendiga esta empresa
hecha en Su Nombre.

DICHTERLIEBE

La poesía tiene una sola realidad: el sufrimiento.
Baudelaire lo atestigua, Ovidio aprobaría
afirmaciones semejantes.
Y esto por otra parte garantiza
la supervivencia amenazada de un arte
que pocos leen y al parecer
muchos detestan,
como una enfermedad de la conciencia, un rezago
de tiempos anteriores a los nuestros
cuando la ciencia cree disfrutar
del monopolio eterno de la magia.

VANAGLORIA O ALABANZA EN BOCA PROPIA

A pulso, a fuerza, infatigablemente
y sin prisa ni pausa
he conquistado poco a poco un sitio
a la izquierda del cero.
El absoluto cero, el más rotundo,
irremontable y caudaloso cero.

Obtuve un buen lugar en la otra fila
junto a los emigrantes expulsados
de la posteridad.
Y ésta es la historia.

JOB 18, 2

¿Cuándo terminaréis con las palabras?,
interroga
en el Libro de Job
Dios —o su escriba.

Y seguimos puliendo, desgastando
un idioma ya seco; tentativas
de hacer que brote el agua en el desierto.

EL EMPERADOR DE LOS CADÁVERES

El emperador quiere huir de sus crímenes
pero la sangre no lo deja solo.
Pesan los muertos en el aire muerto
y él trata (siempre en vano) de ahuyentarlos.

Primero lograrían borrar con pintura la sombra
que arroja el cuerpo del emperador
sobre los muros del palacio.

Aunque a veces parezca por la sonoridad del castellano
que todavía los versos andan de acuerdo con la métrica;
aunque parta de ella y la atesore y la saquee,
lo mejor que se ha escrito en el medio siglo último
poco tiene en común con La Poesía, llamada así
por académicos y preceptistas de otro tiempo.
Entonces debe plantearse a la asamblea una redefinición
que amplíe los límites (si aún existen límites),
algún vocablo menos frecuentado por el invencible desafío
de los clásicos.
Un nombre, cualquier término (se aceptan sugerencias)
que evite las sorpresas y cóleras de quienes
—tan razonablemente— leen un poema y dicen:
«Esto ya no es poesía.»

AUTOANÁLISIS

He cometido un error fatal
—y lo peor de todo
es que no sé cuál.

NO ME PREGUNTES CÓMO PASA EL TIEMPO

> En el polvo del mundo se pierden ya mis huellas;
> me alejo sin cesar.
> No me preguntes cómo pasa el tiempo.
>
> LI KIU LING, traducido por MARCELA DE JUAN

Al lugar que fue nuestro llega el invierno
y cruzan por el aire las bandadas que emigran.
Después renacerá la primavera,
revivirán las flores que sembraste.
Pero en cambio nosotros
ya nunca más veremos
la casa entre la niebla.

STATU QUO

Tengo que rebelarme contra mi sumisión
y someterme ante mi rebeldía.
Las aguas estancadas se me quedan mirando:
piden que les revoque la compuerta.
Lo hago.
Y la piedad no alcanza su entumecimiento
su triste analogía con la mula / que
rompió el círculo vicioso de la noria,
creyó ganar la libertad
—y siguió dando vueltas.

«THOSE WERE THE DAYS»

Como una canción que cada vez se escucha menos y en
menos estaciones y lugares;
como un modelo apenas atrasado que tan sólo se
encuentra en cementerios de automóviles,
nuestros mejores días han pasado de moda.
Y ahora son
escarnio del bazar, comidilla del polvo en cualquier sótano.

III

POSTALES / CONVERSACIONES / EPIGRAMAS

E inútil es que los naturales de la Nueva España traten de vivir en la Europa, porque siempre estarán con los ojos fijos de la memoria en su tierra.

[En una carta de don Sebastián de Toledo,
marqués de Mancera, virrey de México]

Alma mía, suave cómplice:
no se hizo para nosotros la sintaxis de todo el mundo
ni hemos nacido, no, bajo la arquitectura de los Luises
de Francia.

ALFONSO REYES,
El descastado (1917)

VENUS ANADIOMENA, POR INGRES

Voluptuosa Melancolía
en tu talle mórbido enrosca
el Placer su caligrafía
y la Muerte su garabato,
y en un clima de ala de mosca
la Lujuria toca a rebato.

RAMÓN LÓPEZ VELARDE

No era preciso eternizarse, muchacha.
Y ahora tu desnudez llega radiante
desde un amanecer interminable.
Invento de la luz, ala de espuma,
surges de las profundidades más azules.
Arena siempre nueva y no ceniza
judeocristiana, isla
de eterno amor entre las tempestades.
En el cuadro rehecho sin sosiego
tu carne perdurable es joven siempre.
El mar se hiende atónito y observa
otra vez el milagro.

EL AJUSCO

Roca heredada de un desastre, el fuego
erigió su sepulcro y cierra el valle
su resplandor de musgo entre la inerme
transparencia abolida.

En él yacen los años. Es patente
que nunca se ha movido de su sitio,
hosco e inalterable a las metáforas:
«guardián de la ciudad», «vigía», «testigo»
—o padre de lo inmóvil.

ESCOLIO A JORGE MANRIQUE

La mar no *es el morir*
sino la eterna
circulación de las transformaciones.

LA EXPERIENCIA VIVIDA

Esas formas que veo a orillas del mar
y engendran de inmediato
asociaciones metafóricas
¿son instrumentos de la inspiración
o de falaces citas literarias?

COPOS DE NIEVE SOBRE WIVENHOE

Entrecruzados
caen,
se aglomeran
y un segundo después
se han dispersado.
Caen y dejan caer
a la caída.
Inmateriales
astros
intangibles.
Infinitos
planetas en desplome.

LOS FANTASMAS DE TOTTENHAM COURT ROAD

Los ruidos, las maderas, los silencios
repentinos del alba…

Todo era
propicio a su regreso.

Se asomaron,
se vieron entre sí los invisibles

—y se fueron muy tristes
al encontrarlo todo tan cambiado.

LA LLUVIA

La
lluvia
en
cierto
modo
es
la
serenidad

la
suficiencia
disciplinado
orgullo
buen
carácter
contención
y otras veces   DESMESURA

DIGAMOS QUE AMSTERDAM, 1943

El agua vuelve al agua.
Qué inclemente
caer del agua sobre los canales.
A lo lejos
un silbato de fábrica.
Entre sábanas, roto, envejeciendo
está el periódico:
la guerra continúa, la violencia
incendia nuestros años.
Bajo tu cuerpo y en tu sueño duermes.
¿Qué será de nosotros? ¿Cuándo y dónde
segará nuestro amor el tajo, el fuego?
Se escucha la respuesta:
Ya llegaron.
Me voy, no te despiertes:
los verdugos
han tocado a la puerta.

GOETHE: *GEDICHTE*

Orbes de música verbal
silenciados
por mi ignorancia del idioma.

TIERRA

La honda tierra es
la suma de los muertos.
Carne unánime
de las generaciones consumidas.

Pisamos huesos,
sangre seca, restos,
invisibles heridas.

El polvo
que nos mancha la cara
es el vestigio
de un incesante crimen.

KRISTIANSAND

Desembarcamos al atardecer.
Diluviaba.
Nunca estuvo tan gris el Mar del Norte.
Pero, obstinada en recobrar la sal,
la lluvia (a grandes rasgos)
me contaba su historia.

UN PAISAJE DE TURNER

Hay demasiada primavera en el aire.
El excesivo fasto
augura la pobreza.
Nadie puede
guardar unos segundos de este día
para alumbrarse en el invierno.
(Ya oigo la impugnación de las hormigas.)

El campo de Inglaterra es un jardín ilimitado.
Quién escandalizará a tanta hermosura
diciendo qué le espera:
en el otoño sequedad
y ventisca
en el invierno funerario.

EL RÍO COLNE EN WIVENHOE

Bajo el calor los bosques recuperan
la unidad del principio, aquel momento
en que todo era todo y fue apartándose
para dar vida a cada cosa viva.

Bajo el calor brillaba como nunca
la cicatriz del viento sobre el agua.
El río pareció por un instante
desandar su camino.

El mar desembocaba en una fuente.
Cielo y tierra eran líquidos, vapores:
humus y humos como en el origen.

Bajo el calor el vaporoso río
iba siempre en camino al no volver.

RONDÓ 1902

Calles de niebla y longitud de olvido.
Tibia tiniebla en donde todo ha sido
verdor salobre y avidez impune.
Hora de cobre que al partir reúne
calles de niebla y longitud de olvido,
tibia tiniebla en donde todo ha sido
verdor salobre y avidez impune.

ÎLE SAINT-LOUIS

Desde el balcón el Pont de la Tournelle.
Una muchacha se detiene y mira.

Fluye el Sena.
Desgarrado un instante por la isla,
corre al encuentro de sus mismas aguas.

Aguas de musgo verde, verdes aguas
con el verdor de miles de veranos.

La muchacha se aleja, se extravía,
se pierde de mis ojos para siempre.

Arde la misma rosa en cada rosa.
El agua es simultánea y sucesiva.
El futuro ha pasado.
El tiempo nace
de alguna eternidad que se deshiela.

VENECIA

> Cada golpe de agua provocado por los motores hunde un poco más a Venecia.
>
> *Excélsior*, 1967

Venecia es un fantasma.
Fue inventada
por Canaletto.
La pintó en el agua.

Negación de Lepanto,
cada piedra
es oriental
y floreció en Bizancio.

Todo lo unido tiende a separarse.
Los islotes se hunden en la laguna.
El mar que la esculpió
hoy la destruye.

En su agonía romántica desciende
al lodo original.
Perla en el lodo,
joya entre muladares subacuáticos.
Víctima del motor fuera de borda.

POMPEYA

La tempestad de fuego nos sorprendió en el acto
de la fornicación.
No fuimos muertos por el río de lava.
Nos ahogaron los gases. La ceniza
se convirtió en sudario. Nuestros cuerpos
continuaron unidos en la piedra:
petrificado espasmo interminable.

CONVERSACIÓN ROMANA (1967)

> Oremos por las nuevas generaciones
> abrumadas de tedios y decepciones;
> con ellas en la noche nos hundiremos...
>
> AMADO NERVO, *Oremus* (1898)

En Roma aquel poeta me decía:
—No sabes cuánto me entristece verte
escribir prosa efímera en periódicos.

Hay matorrales en el foro. El viento
unge de polvo el polen.

Ante el gran sol de mármol Roma pasa
del ocre al amarillo, el sepia, el bronce.

Algo se está quebrando en todas partes.
Se agrieta nuestra edad. Es el verano
y no se puede caminar por Roma.

Tanta grandeza avasallada. Cargan
los autos contra gentes y ciudades.
Centurias y falanges y legiones,
proyectiles o féretros, chatarra,
ruinas que serán ruinas.

Aire mortal carcome las estatuas.
Barbarie son ahora los desechos:
plásticos y botellas y hojalata.
Círculo del consumo: la abundancia
se mide en el raudal de sus escombros.
Pero hay hierbas, semillas en los mármoles.

Hace calor. Seguimos caminando.
No quiero responder ni preguntarme
si algo escrito hoy dejará huellas
más profundas que un casco desechable
o una envoltura plástica arrojada
a las aguas del Tíber.

Acaso nuestros versos duren tanto
como un modelo Ford 69
—y muchísimo menos que el Volkswagen.

MEJOR QUE EL VINO

Porque mejor que el vino son tus amores.
SALOMÓN

Quinto y Vatinio dicen que mis versos son fríos.

Quinto divulga en estrofas yámbicas
los encantos de Flavia.
Vatinio canta
conyugales y grises placeres.

Pero yo, Claudia,
no he arrastrado tu nombre por las calles y plazas de Roma.
Y reservo mis ansias
a las horas que paso contigo.

JOSÉ ORTEGA Y GASSET CONTEMPLA EL VIENTO*

El Escorial inerte. El viento pugna
por quebrantar su *trágica molicie.*
Su ser es movimiento, es su perpetuo
sostenerse a sí mismo, derramarse
más allá de sí mismo.

Molicie de la mole, o bien escoria,
masa que deja al transcurrir la historia.
Molicie de la historia,
una mole de escoria.

El Escorial, escoria de la historia.

* «La vida en torno: Muerte y resurrección», en *El espectador* II, 1917.

DIFICULTADES PARA DECIR LA VERDAD

Practican el amor debidamente.
Hacen versos de fuego y los envían
a sus destinatarias del convento.
Y cuando el Santo Oficio los sorprende
hablan de la levitación
y la Unión Mística
entre Cristo y la Iglesia.

IV

LOS ANIMALES SABEN

les bêtes savent

Samuel Beckett, *Comment c'est*

DISCURSO SOBRE LOS CANGREJOS

En la costa se afirma que los cangrejos
son animales hechizados
y seres incapaces de volverse
a contemplar sus pasos.

De las tercas mareas aprendieron
la virtud del repliegue, el ocultarse
entre rocas y limo.

Caminantes oblicuos,
en la tenacidad de sus dos pinzas
sujetan el vacío que penetran
sus ojillos feroces como cuernos.

Nómadas en el fango y habitantes
en dos exilios:
extranjeros
ante los pobladores de las aguas
y ante los animales de la tierra.

Trepadores nocturnos,
armaduras errantes,
hoscos, pétreos, eternos fugitivos,
siempre rehúyen la inmortalidad
en imposibles círculos cuadrados.

Su frágil caparazón
incita al quebrantamiento,
al pisoteo…

(Hércules vengó así la mordedura
y Juno que lo envió en misión suicida
para retribuirlo situó a Cáncer
entre los doce signos del Zodiaco
a fin de que sus patas y tenazas
encaminen al sol por el verano,
el tiempo en que germinan las semillas.)

Se ignora en cuál momento dio su nombre
a ese mal que es sinónimo de muerte.
Aun cuando termina el siglo veinte
permanece invencible
—y basta su mención para que el miedo
cruce el rostro de todos los presentes.

INDAGACIÓN EN TORNO DEL MURCIÉLAGO

Los murciélagos no saben una palabra de su prestigio literario. Con respecto a la sangre, les gusta la indefensa de las vacas que no pueden hacer un collar de ajos, blandir un crucifijo o clavarles una estaca en el pecho.

A la broma sangrienta, al beso impuro (trasmisor de la rabia y el derrengue, capaz de aniquilar el matriarcado) oponen un pasivo coletazo que ya no asusta ni siquiera a los tábanos.

En venganza, los dueños del ganado se divierten crucificando al bebedor como si fuera una huraña mariposa excesiva.

El murciélago acepta su martirio y sacraliza el acto de fumar el cigarrillo que cuelgan de su hocico. En vano trata de hacer creer a sus perseguidores: «Han mojado mis labios con vinagre».

Según las opiniones que se escuchan, el murciélago es un ratón alado o un mosquito aberrante como aquellas hormigas un poco anómalas que se echan a volar cuando viene la lluvia.

Algo sé de vampiros, aunque ignoro todo lo referente a los murciélagos. (La pereza me impide comprobar su renombre en algún diccionario.)

Prefiero imaginarlo como un reptil neolítico hechizado, detenido en el tránsito de las escamas al plumaje, en su ya inútil voluntad de convertirse en ave.

Por supuesto es un ángel caído. Ha prestado sus alas y su traje (de carnaval) a todos los demonios.

La noche es la caverna de su vuelo en tinieblas.

Odia al sol. La melancolía es el rasgo que define su espíritu.

Como nosotros, vive arracimado y es una cara anónima en la masa.

Ermitaño perpetuo, convierte cada cueva en su Tebaida. Acaso sufre acidia, *tedium vitae.* Y no parece ilógico que gaste sus mañanas meditando en la profunda vacuidad del mundo;

ni que espume su cólera, su *rabia,* ante lo que hemos hecho de su especie.

Lo confinamos en el Mal porque comparte la fealdad viscosa, el egoísmo y vampirismo humanos;

recuerda nuestro origen cavernario y tiene una espantosa sed de sangre.

EL ESPEJO DE LOS ENIGMAS: LOS MONOS

Cuando el mono te clava la mirada
estremece pensar si no seremos
su espejito irrisorio y sus bufones.

TRATADO DE LA DESESPERACIÓN: LOS PECES

Siempre medita el agua del acuario.
Piensa en el pez salobre y en su vuelo
reptante: breves alas de silencio.
El entrañado en penetrables, líquidos
pasadizos de azogue en donde hiende
su sentencia de tigre, su condena
a claridad perpetua en el río inmóvil.
Quiere hundirse en el aire, en los voraces
abismos de la asfixia, hallar el fondo
del oleaje del aire que rodea
su neutra soledad por todas partes.

MOSQUITOS

Nacen en los pantanos del insomnio.
Son negrura afilada que aletea.
Diminutos vampiros, sublibélulas,
pegasitos de pica del demonio.

LOS GRILLOS
(Defensa e ilustración de la poesía)

Recojo una alusión de los grillos:
su rumor es inútil,
no les sirve de nada
entrechocar sus élitros.
Pero sin la señal indescifrable
que se trasmiten de uno a otro
la noche no sería
(para los grillos) noche.

SIEMPRE QUE VEO ELEFANTES PIENSO EN LAS GUERRAS PÚNICAS Y SOBRE TODO EN LA BATALLA DE ZAMA

Observa su estructura casi de templo.
Su tolerancia suele tener un límite.
Su dignidad ofendida estalla de pronto.

Pregúntaselo a Aníbal: los elefantes,
los propios elefantes cartagineses,
vencieron a Cartago.

Así pues, de no ser por los elefantes
no existiría esta página (tampoco
la lengua castellana
                ni Occidente).

BIOLOGÍA DEL HALCÓN

Los halcones son águilas domesticables.
Son perros
de aquellos lobos.
Son bestias de una cruenta servidumbre.

Viven para la muerte.
Su vocación es dar la muerte.
Son los preservadores de la muerte
y la inmovilidad.

Los halcones: verdugos, policías.
Con su sadismo y servilismo ganan
una triste bazofia compensando
nuestra impotente envidia por las alas.

[1967]

FRAGMENTO DE UN POEMA DEVORADO POR LOS RATONES

Comunidad de ritos primitivos,
los ratones adoran las tinieblas.
De noche se les ve
inquietos, siempre huyendo.
Incisivos, hambrientos, enfrentados
a la persecución, al ocultarse.
Siempre al acecho de quien los acecha…

PREGUNTAS SOBRE LOS CERDOS E IMPRECACIONES DE LOS MISMOS

> ¿Existe otro animal que nos dé tanto?
>
> JOVELLANOS

¿Por qué todos sus nombres son injurias?
Puerco / marrano / cerdo / cochino / chancho.
Viven de la inmundicia. Comen, tragan
(porque serán comidos y tragados).

De hinojos y de bruces roe el desprecio
por su aspecto risible, su lujuria,
su fundado temor de propietario.

Nadie llora al morir más lastimero,
interminablemente repitiendo:
—Y pensar que para esto me cebaron…
Qué marranos / qué cerdos / qué cochinos.

LEONES

Como los cortesanos de Luis XV
huelen mal y veneran la apariencia.

Viven de su pasada gloria, el estruendo
que en pantallas crecientes
les dio el cine.

Reyes en el exilio,
no parecen
odiar el cautiverio.
Traen el *show* en la sangre.
Son glotones,
mantenidos, rentistas
que consumen
la proletaria carne del caballo:

Otra vida de esfuerzos que termina
arrojada a los leones.

ÁLBUM DE ZOOLOGÍA

Mirad al tigre:
su altiva pose de vanidad satisfecha,
dormido en sus laureles, gato persa
de algún dios sanguinario.
Y esas rayas
que encorsetan su fama.
Allí en la jaula,
como estatua erigida a la soberbia,
el tigre de papel, el desdentado
tigre de un álbum infantil.
Ociosa
en su jubilación
la antigua fiera
de rompe y rasga
sin querer parece
el pavo real de los feroces.

ESCORPIONES

El escorpión atrae a su pareja
y aferrados de las pinzas se observan
durante un hosco día o una noche,
anterior a su extraña cópula.
Termina
el encuentro nupcial:
el macho
es devorado por la hembra
que, dijo el Predicador,
*es más amarga que la muerte.**

---

* Eclesiastés o El Predicador 7, 26.

APÉNDICE:

CANCIONERO APÓCRIFO

[1964-1966]

Hoy es siempre todavía...
Ayer es nunca jamás.

ANTONIO MACHADO

O que penso eu do mundo?
Sei lá o que penso do mundo?

FERNANDO PESSOA

I. JULIÁN HERNÁNDEZ (1893-1955)

Nació en Saltillo, Coahuila, hijo de padre español y madre norteamericana. A los veinte años se incorporó al Ejército Constitucionalista. Hizo la campaña de Occidente a las órdenes de Álvaro Obregón. Ascendido a coronel, participó en las grandes batallas del Bajío (1915). En Trinidad, durante una carga de la caballería villista, recibió cuatro heridas: perdió un ojo y el movimiento del brazo izquierdo.

Terminó la carrera de abogado que ejerció en la Ciudad de México hasta el año de su muerte. Cónsul en Londres (1929), fue separado del cargo por su dipsomanía. Su mal carácter lo enemistó con todos los grupos y generaciones literarias. De su arbitrariedad y resentimiento queda testimonio en los artículos aparecidos en *El Universal* de 1932 a 1954.

Publicó en edición de autor libros jurídicos y políticos: *El Estado y el Derecho: Crítica de las teorías de Hans Kelsen* (Madrid, 1932), *Aspectos negativos de la Reforma Agraria cardenista* (1937), *De cómo y por qué es ilegal y nociva la Expropiación Petrolera* (1938), *Esta guerra y la otra: los errores de Mr. Wilson y las mentiras del presidente Roosevelt* (1944), *La gran crisis de la Justicia mexicana* (1947), *Trayectoria revolucionaria del general Miguel Henríquez Guzmán* (1951), *El gran fraude con los terrenos de Acapulco* (1952), *La verdad sobre el régimen de Miguel Alemán* (1953). Póstumamente se ha dado a conocer parte de su vasta producción inédita: *El cuaderno negro* (1980), *Autobiografía de un desastre:*

la farsa del henriquismo y la matanza de la Alameda (1983), *Los poemas de Londres* (1985), *La cámara secreta: Apuntes para la historia de la pornografía mexicana* (1988).

También fue autor de una olvidada antología: *Nuevos poetas ingleses* (1922) y dos breves colecciones de poemas: *Por los jardines que el silencio baña* (Monterrey, 1922) y *Legítima defensa* (Impresora Juan Pablos, 1952) con un prólogo de Henrique González Casanova, una carta de Max Aub y un retrato de Julián Hernández por Jusep Torres Campalans.

Como era de esperarse, los epigramas de *Legítima defensa* no fueron mencionados en ninguna parte. Sin embargo, tienen el valor y el interés de no parecerse a nada de lo que por entonces se escribía en México. Intentan y a veces logran expresar poéticamente la amargura sarcástica de un perpetuo excluido que contempla la vida literaria, y la existencia toda, con quebrantada y a la postre estéril ironía.

Las alusiones a personajes y acontecimientos de la época ya no se entienden. Lo comprensible es el silencio que ha rodeado a *Legítima defensa,* nimia curiosidad de la literatura mexicana o anuncio de lo que llegaría años después.

LEGÍTIMA DEFENSA

If learned critics publicly deride
My verse, well, let them.
Not for them I wrougth.
One day a man shall live to share my tought,
For time is endless and the world is wide.

Del *Bhavabbuti*, traducido
por JOHN BROUGH

I

Murió el Sainte-Beuve de nuestra aldea.
Los herederos remataron los libros del *Gran Crítico*.
Fui por curiosidad a la subasta.
Hallé todos mis libros con las hojas cerradas.
Su vejamen de mi poesía se ha vuelto clásico.
Por su opinión me han excluido siempre.
¡Descansa en paz, *Lector Infatigable!*

[1939]

2

Vivieron a la moda.
Fueron toda su vida *de vanguardia.*
Atacaron lo viejo.
Y recordé sus nombres
al leer esta noche en el periódico
que la Academia celebró en pasados días
a sus Miembros de Número difuntos.

[1951]

3

No podría decir mi antagonista
o mi rival o mi enemigo:
sólo un contemporáneo.
Nos saludamos levemente.
Cada uno en el otro ve a distancia
la rapidez con que envejece unánime
nuestra generación.
Cómo el estilo
que creímos eterno,
ya es historia,
pasado impopular,
freno y obstáculo
ante los jóvenes
que —si reparan en nosotros—
nos dedican
una risita o un sarcasmo.

[1937]

4

Dijo Samuel (tal vez sin darse cuenta
de que estaba citando):
«Escribo para ser admirado
en el año 2000. Y mis palabras
quedarán para siempre.»
Sed de inmortalidad.
Miré hacia afuera:
en el jardín luchaba una vil mosca
por sacar de la flor néctares, polen.

Vana tarea
intentar convertirse en abeja
a estas alturas.

[1949]

5

¿Pensaste alguna vez en tu enemigo,
en el que no conoces
pero odia
cuanto escribe tu mano?

¿Pensaste en ese *joven de provincias*
que daría la vida por tu muerte?

[1942]

6
(Sabor de época)

Todo poema es un ser vivo:
envejece.

[1952]

7
(A los poetas que vendrán)

Hay que ser implacables.
(No tengan, pues, clemencia con mis errores.)
Nuestra debilidad les dará fuerza
y acertarán en donde fracasamos.
Pero una vez borrados
(si nos recuerdan)
ojalá piensen
en que la perfección
es para siempre ajena a todo intento humano.

[1952]

8
(Arte poética 1)

Tenemos una sola cosa que describir:
este mundo.

[1948]

9
(Arte poética II)

Escribe lo que quieras.
Di lo que se te antoje:
de todas formas vas a ser condenado.
[1949]

10
(Monólogo del poeta I)

Quisiera ser un pésimo poeta
para sentirme satisfecho con lo que escribo
y vivir lejos
de tu dedito admonitorio,
autocrítica.
[1949]

11
(Monólogo del poeta II)

Condenaron a muerte
a todos los poetas elegiacos,
entre los cuales
(por pereza de defenderme)
me incluyo.
[1950]

12
(Monólogo del poeta III)

¿A quién pretendes halagar con tan vistas
piruetitas verbales,
o suspirillos dolorosos, retruécanos,
ironías invisibles?

¿Quisieras que alguien te palmease
por lo bien que resuenan
tus cascabeles? —triste
parafernalia de un festín que contemplas
sin estar invitado.
Es mejor que te ocultes en huraños rincones.
Los seres como tú no reciben halagos,
lomos de latigazo o de pedrada.
Y ya nadie te aplaude
por tus jueguitos malabares.

Será mejor, bufón,
que ganes los rincones
y allí guardes un púdico silencio.

[1952]

II. FERNANDO TEJADA (1932-1959)

Nacido en Tulancingo, Hidalgo, vivió en la capital desde 1939. Participó en el movimiento estudiantil de 1958 y ese mismo año obtuvo el título de médico cirujano. Con una beca del gobierno francés fue a París a especializarse en circulación cerebral. Antes de publicar ningún libro, murió en Florencia en circunstancias no aclaradas.

Los únicos poemas que se conservan de Fernando Tejada aparecieron en el primer número de *La Torre de Marfil*, dirigida por José Carlos Becerra y Gabriel Zaid. Afines a una tradición de la antitradición pictórica, *Los amores* parodian, distorsionan y saquean un texto clásico para llevarlo al contexto degradado de otra época. No siempre con acierto, oponen una de las posibles realidades actuales (1959) del amor-pasión al concepto aún trovadoresco y petrarquista que se halla en los extraordinarios *Sonnetes pour Hélène* (1578) de Pierre de Ronsard (1524-1585). En cierto modo Fernando Tejada parece un continuador de Julián Hernández, a quien seguramente nunca leyó.

LOS AMORES
(Estudio y profanación de Pierre Ronsard)

1

Cuando los dos estemos muertos
nada habrá de estas rosas
ni de estos versos.
Mientras dure el amor
ámame, entonces.

2

¿Qué harás todos los días
desde que no te veo?

3

—*Ronsard me célébrait du temps que j'étais belle.*
Le Seconde Livre des Sonnets
pour Hélène, XLIII

Antes de que seas vieja ya me habrás olvidado.
Y si por confusión sueltas mi nombre
a tu lado una joven dirá:
—¿Quién era ése?

4

Je plante en ta faveur cet arbre de Cybelle.
Ibidem, VII

El tronco de aquel árbol en que un día
inscribí nuestros nombres enlazados
ya no perturba el tránsito en la calle:
ya lo talaron, ya lo hicieron leña.

5

Quiconques en boira, qui amoureux il devienne.
Ibidem, LXII

Para que en la montaña tu recuerdo quedase
un manantial purísimo consagré a tu memoria.
Hoy en el manantial medran los sapos
y sólo prueban su agua los mosquitos.

6
(«D'après» *José Juan Tablada*)

Si supieras, mi amor, lo que es ir caminando
por la avenida Juárez a las doce del día
y creer encontrarte en las mujeres
que pasan a mi lado, tan lejanas
como tú de mis ojos y mi vida.

7

Afin qu'à tout jamais de siècle en siècle vive...
Ibidem, II

Al dejarme creíste ganar algo, muchacha.
Ahora, pasado el tiempo, hablas de mí con otro.
Dices que sólo valgo cuando empaño
la blancura insondable de una página.
Y crees que la poesía va a preservar mi nombre.

Te agradezco esa última, esa inútil
manera de quererme.
Te equivocas
(lo digo sin dolor y sin desprecio a nada):
mis versos vivirán menos que tu belleza.

ÍNDICE

Apéndice. Cancionero apócrifo [1964-1966]